我是未来科学家
THE YOUNG SCIENTIST

主　编——袁岚峰
执行主编——张周项

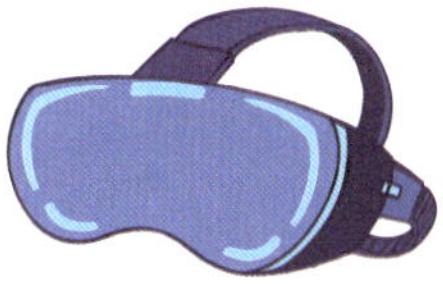

虚拟世界的魔法之门

顾　凯——著
林小妍　吴雨桐——绘

湖南科学技术出版社·长沙

推荐序

亲爱的孩子们，当我翻开《我是未来科学家》这套书时，我仿佛看到了科学的无限可能，也看到了你们充满好奇和渴望知识的眼睛。科学，是一场永无止境的探险。小时候在乡村的生活，让我受到了大自然的熏陶和感染，对科学好奇的种子或许那时就已经萌发。然而，我的科学之旅，可以说是一本《化石》杂志开启的。那是我在高中时期，一次偶然的机会，班主任为我们订阅了这本杂志，它让我第一次近距离接触到地球与生命科学的世界。在科研的道路上，我经历了不少的挑战与困难，但我始终保持着那份对科学的好奇与热爱。

在21世纪的今天，科学的发展日新月异，科学不仅仅是实验室里的研究，它更是推动社会进步、改善人类生活的强大力量。前沿科学代表着科技发展的最先进部分，是推动社会进步和持续发展的重要力量。普及前沿科学，对于提高公众的科学素质、培养孩子的科学精神和创新意识具有重要意义。它不仅能够拓宽你们的科学视野，还能够激发你们对未知世界的探索欲望，为未来的科技创新储备人才。

这套书，就像是一扇通往科学世界的窗户，让你们能够窥见前沿科技的魅力。在《我是未来科学家》中，10位专家为孩子们呈现了人工智能、生命科学、能源开发、量子科技、虚拟世界、太空探索等10个领域的最新技术及原理、实际应用以及改变世界的力量，讲述了科学家奋斗的艰辛历程。这套书不仅展示了科技的巨大潜力，也为我们指明了未来发展和前进的方向。孩子们将在书中感受到，科学并非遥不可及，而是就在我们的生活中，只要我们用心去发现，就能找到它的踪迹，激励我们去追寻那些尚未被揭示的科学奥秘，去挑战那些看似不可能的问题。

孩子们，你们是科学的未来，是国家的希望。期待你们在阅读这套书的过程中，能够感受到科学的魅力，激发起对科学的热爱和追求。希望你们保持对科学的好奇心，勇于挑战未知，成为未来的科学家和创造者。

最后，我要感谢这套书的编创团队，他们用生动的语言和精彩的故事，为大家描绘了一个充满奇幻和奥秘的科学世界。我相信，在这套书的陪伴下，你们一定能够放飞科学的梦想，探索未知、创造未来！

中国科学院 周忠和

我们在动画片里会经常见到一种超级酷炫的魔法，可以让人“嗖”一下瞬间穿越到别的地方。遗憾的是，人类暂时还没有研发出来这种技术，毕竟搬动一个大活人实在太难了。

但我们有另一种神奇的技术，能让人仿佛置身于另一个世界，这就是虚拟现实（Virtual Reality，简称“VR”）。只需要戴上一副特制的眼镜，我们就能飞到外太空去探险，或者变成穿着铠甲、手持宝剑的勇士，与恶龙展开激烈搏斗。

这副眼镜被称为虚拟现实眼镜，它并不会把我们真的瞬间变走。

恰恰相反，它给使用者创造了一个虚拟的世界，在这个世界里有用电脑模拟的人、建筑、动物和现实中存在的一切东西。你可以用眼睛看、用耳朵听、用手指摸一摸，感受到这个世界的存在。

既然这个世界是被创造的，那这个世界也可以有现实世界中没有的东西。

我们戴上 VR 眼镜就能化身魔法师，在星空中遨游。

或者在古代城堡里探险，甚至在三维的画布上自由绘画，仿佛置身于魔法世界。

那么，VR 眼镜是怎么工作的呢？

它的原理其实很简单。人类一共有 5 种感觉，分别是视觉、听觉、触觉、嗅觉、味觉，这些感觉是我们感受到事物存在的渠道。

这样看来，要创造一个世界并不难，只要让人们看到、听到、摸到，甚至闻到和尝到，那这个世界对于这个人来说就是真实存在的。

于是，VR 技术就诞生了。它利用电脑构建出一个虚拟的世界再将其呈现给人们。

眼睛是人类获取信息的重要渠道，所以 VR 设备被精心设计成一副封闭的眼镜，一方面它直接作用于使用者的眼睛，另一方面也让使用者不受外界的干扰，只接收来自于虚拟世界的信息。

VR 眼镜内部有左右两个小屏幕，每个屏幕都会显示不同的画面，一个给左眼看，一个给右眼看。

为什么我们看到的世界是立体的？是因为左眼和右眼看到的画面不一样，VR 眼镜利用了这一点让我们觉得自己好像真的在一个三维的空间里。

在真实世界里，我们转头看四周的时候，会看到不同的风景。

AR 眼镜也能感知使用者的头是往哪个方向转动的。

当我们的头部转动的时候，眼镜里的屏幕也会展现新画面，这样我们就可以看到虚拟世界的不同部分了，感觉身临其境。

除了能看见令人惊叹的画面，VR眼镜还能让我们听到声音。眼镜里有一些小小的扬声器，它们可以发出声音，让使用者感觉声音从四面八方环绕在你的周围。

当我们戴上 VR 眼镜在虚拟世界里散步时，可以感觉到风儿轻轻吹过，听到鸟儿在欢快唱歌，甚至还能感受到飞机由远及近从头顶飞过的轰鸣声。

有些 VR 眼镜还附带触感手套，给人提供仿真的触觉体验。

比如，当我们在虚拟世界里摸到一个虚拟苹果时，我们的触感手套会出现一点微小的振动，或者在某些方向上施加一些压力，仿佛你真的摸到了真实饱满的苹果。

这就是虚拟现实技术，它通过“欺骗”我们的眼睛、耳朵和手，让我们好像置身于一个真实的世界，是不是很神奇？

这项神奇的技术可不是一夜之间就能开发出来的。

VR 技术从无到有的历程，也是一群喜欢“做白日梦”的科学家借助科技的力量，一步一步把自己的梦想逐渐变成现实！

小贴士

20 世纪中叶，一位名叫斯坦利 · G. 温鲍姆的科幻作家在他的科幻小说《皮格马利翁的眼镜》中描绘了一副神奇的眼镜。

这副眼镜不仅能够看到图像，还能通过嗅觉、触觉和味觉感受到虚拟环境中的各种刺激。

戴上它，就能完全沉浸在一个凭空创造的虚拟世界中，与故事中的角色进行互动，甚至成为故事的主角。这本书让大家都开始想象：如果有一天我们能进入梦想中的世界，那该多好啊！

1962 年，一部很酷的电影《月球旅行》问世，在电影中展示了一种特别的头戴式显示器，人们戴上它就能看到奇妙的月球世界。它跟我们今天戴的头盔样式的 VR 眼镜已经很像了。

不久后，“这个头盔”还真被一位叫伊万 · 苏泽兰的科学家发明出来了。它让使用者能够看到计算机生成的图像，就和《月球旅行》中想象的场景一模一样。

不过，当时的计算机技术还比较落后，生成的图像跟现实相差比较远。

戴上它后，我们不像是进入了新世界，倒更像是近距离地观看一部动画片。

因为那时很多电脑元件还比较笨重，所以这个头盔也比较沉，只好用电线悬挂在人的头顶上，有点像希腊神话中悬在人类头顶上的“达摩克利斯之剑”。这位科学家干脆以此给他的发明命名。

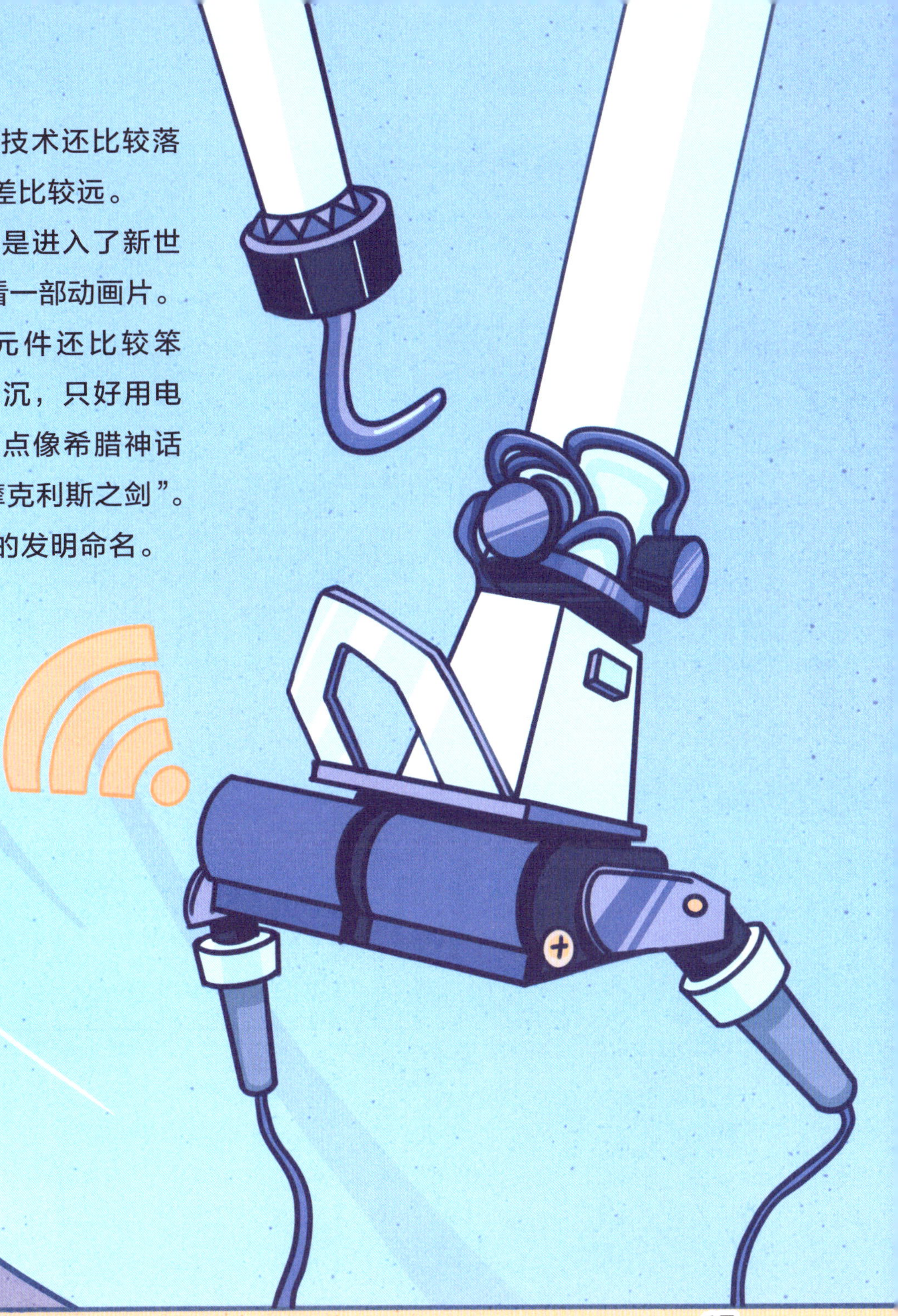

20世纪70年代

随着计算机技术的进步，20世纪70年代，一些军官和士兵开始用VR这种技术来训练。他们先用飞行模拟器来学习怎么开飞机，就像是我们现在玩的VR游戏一样。不过这是真正的飞行训练，只要学会玩这个VR游戏，就等于掌握了开飞机的基本功。

20世纪80年代

到了20世纪80年代，一种叫作数字手套(Data Glove)的触感手套出现了，人们只要动动手，就可以和电脑交流。

这个手套就像是有魔法一样，让人们能够更自然地触摸虚拟世界。这个设备随后也来到了中国。

1990 年，中国著名科学家钱学森给一个朋友写了一封信，建议把“Virtual Reality”这个词翻译成“灵境”。

他提出了“人机结合、以人为主”的观点，认为人和计算机可以像好朋友一样合作，而“灵境”技术的发展将使人与计算机的结合达到新的高度，去感受到更多的东西。钱学森爷爷真的非常有远见，因为他说的这些事情，到今天全都成真了！

1993 年，第一个真正的 VR 游戏问世，两年后，有一家叫任天堂的游戏公司，开发了一款叫“虚拟男孩”的 VR 游戏，想把 VR 带入千家万户。

虽然这个设备没有大卖，但是他们的创新产品推动了 VR 技术的进一步发展。同年，医生们也开始用 VR 技术来帮助他们学习和练习做手术。他们可以在虚拟的手术室里对虚拟病人动手术，这样他们就会熟能生巧，让真正的手术变得更安全。

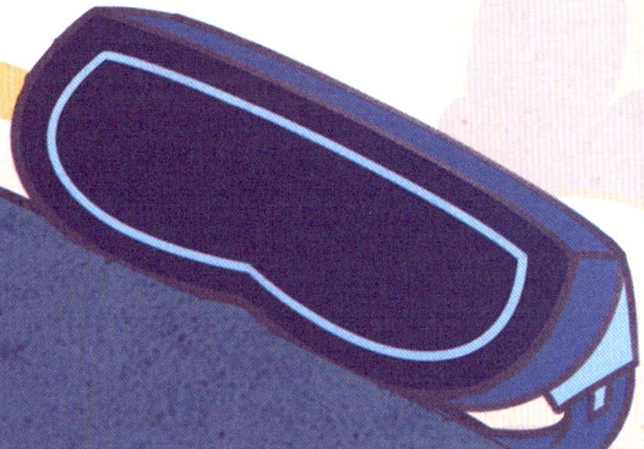

所以，VR 技术的诞生就像将一个个白日梦慢慢地编织成现实。从科幻小说到电影，再到 VR 真正的发明和应用，每一步都充满了惊奇和创新。

现在，我们可以戴上 VR 眼镜，进入一个全新的世界，这一切得感谢那些勇敢的梦想家和聪明的科学家！

当 VR 技术逐步进化至最厉害的元宇宙形态，人们不禁好奇：这种终极形态的虚拟现实将为我们带来什么样的体验呢？

然而，经过了大半个世纪的发展，VR 技术目前其实还是如同初生的婴儿，处在成长的初级阶段。未来，我们如何塑造出一个超乎想象的元宇宙呢？它又有哪些特别的地方呢？

当你戴上终极形态的VR眼镜，转瞬之间，你就来到了一个全新的世界！

这里的一切都是那么真实，比我们今天看到最震撼的IMAX 3D电影还要真实100倍！

你可以摸到虚拟的小狗，感受到它的毛发，甚至能感觉到它温暖的身体和湿润的鼻头。你的各种感官都可以和元宇宙里的东西互动，这就是完全沉浸式体验。你不是在看电影，而是成了电影的主角！

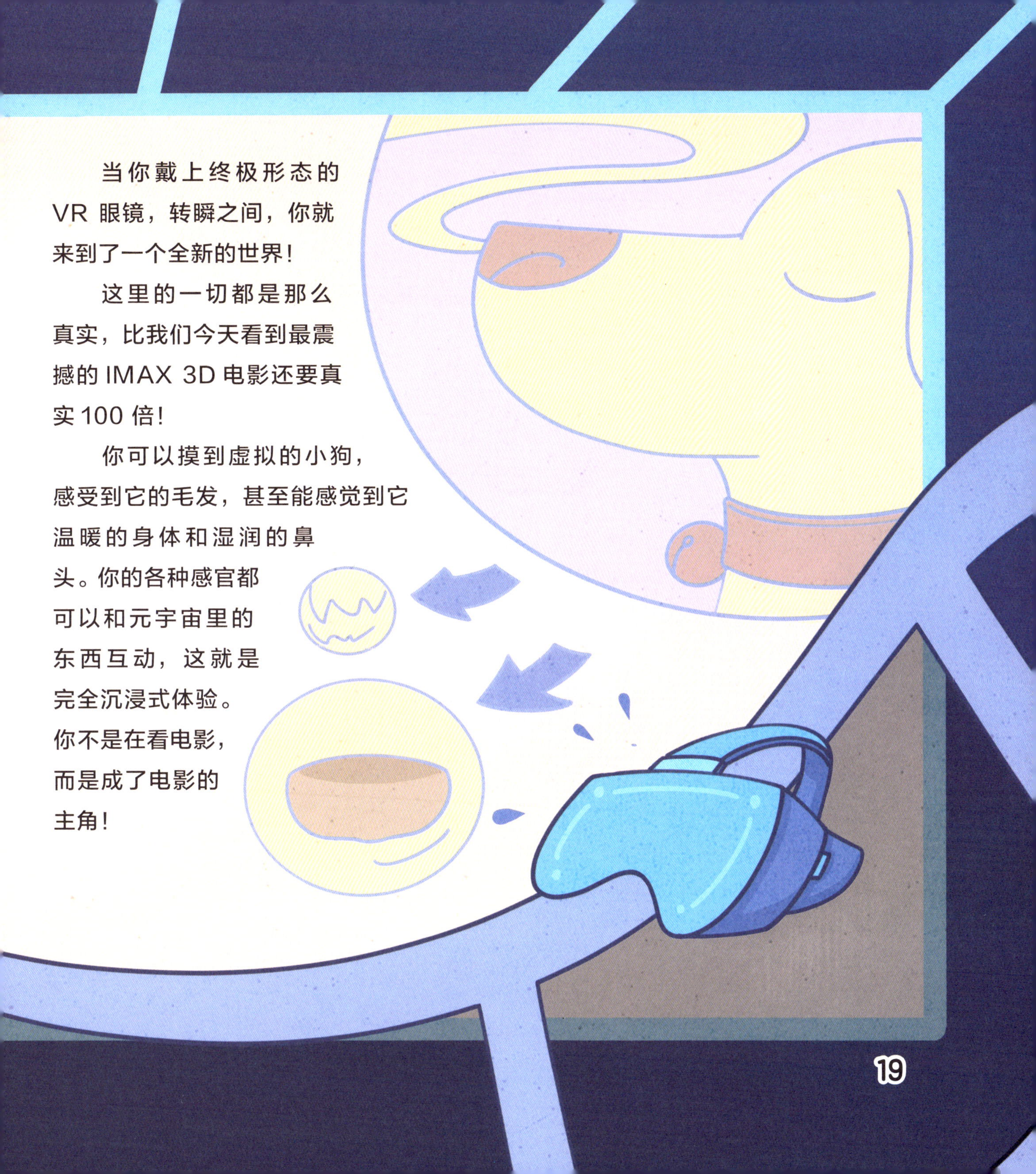

视觉

当我们进入元宇宙，首先映入眼帘的是一片璀璨夺目的星空，星星像钻石一样在夜空中闪烁。我们脚下是一座七色彩虹桥，每走一步，桥的颜色都会发生变化。

四周的虚拟城市像是用无数宝石堆砌而成，每个角落都闪耀着独一无二的光芒。

听觉

在元宇宙的每个角落，都回荡着美妙的音乐。我们可以听见鸟儿在林中歌唱，海浪在轻拍沙滩，还有远处孩子们的欢笑声。

当我们走进一片森林，耳边会响起树叶沙沙作响的声音，小动物们跳跃的脚步声，仿佛在讲述一个个生动的故事。

嗅觉

置身元宇宙的花园里，我们甚至可以闻到各种花朵的芬芳。玫瑰的浓郁、茉莉的清新、薰衣草的淡雅，每一种香味都那么真实，仿佛我们真的站在一个生机勃勃的花园之中。

甚至当我们走过一片刚刚下过雨的草地时，还能闻到泥土的气味。

触觉

戴上 VR 触感手套，我们就可以在虚拟世界自由探索。当我们伸手触摸一本虚拟图书时，会感觉到纸张的质感和书页的轻微摩擦。

当我们在虚拟沙滩上奔跑时，脚下的沙子柔软而细腻，海浪拍打在脚背上，带来一阵阵清凉的感觉。

味觉

在元宇宙的餐厅里，我们可以足不出户品尝到来自世界各地的美食。

每一道虚拟的美食都刺激着我们的味蕾，我们可以尝到香甜的巧克力、酸爽的柠檬、辛辣的咖喱，甚至是外星球特有的奇异果实，真是让人回味无穷。

元宇宙以前所未有的方式满足了我们的多感官需求。我们好像真的走进了亦真亦幻的梦境世界，不仅可以结识新朋友，学习新技能，还能开启各种不可思议的冒险之旅。

而在文学和影视作品中，VR 技术就像一支神奇的画笔，常被用作描绘未来世界的工具。

这些作品不仅激发了我们的想象力，也让我们重新审视科技进步对人类生活的影响，以及现实与虚拟之间的界限。

VR 技术在现实世界中是如何大显身手的呢？

我们又可以如何去运用 VR 这项神奇的技术，改变现实世界呢？

想象一下，我们来到了一个正在建设中的大楼施工现场，戴上 VR 眼镜，可以立即看到它建成后的样子，就像是用了穿越时间的超能力一样。

建筑设计师甚至可以在这个虚拟的大楼里走来走去，提前预览房间装修之后的效果。这样，他们就可以更好、更快地选定最佳设计方案！

接下来，我们空降到了一个军事基地。战士们在这里通过 VR 眼镜，可以体验到超级逼真的虚拟战场，他们可以学习怎么保护自己和队友，怎么打败“敌人”。

最终，当他们走上真正的战场时，就会更加勇敢和娴熟，甚至还能避免不必要的伤亡！

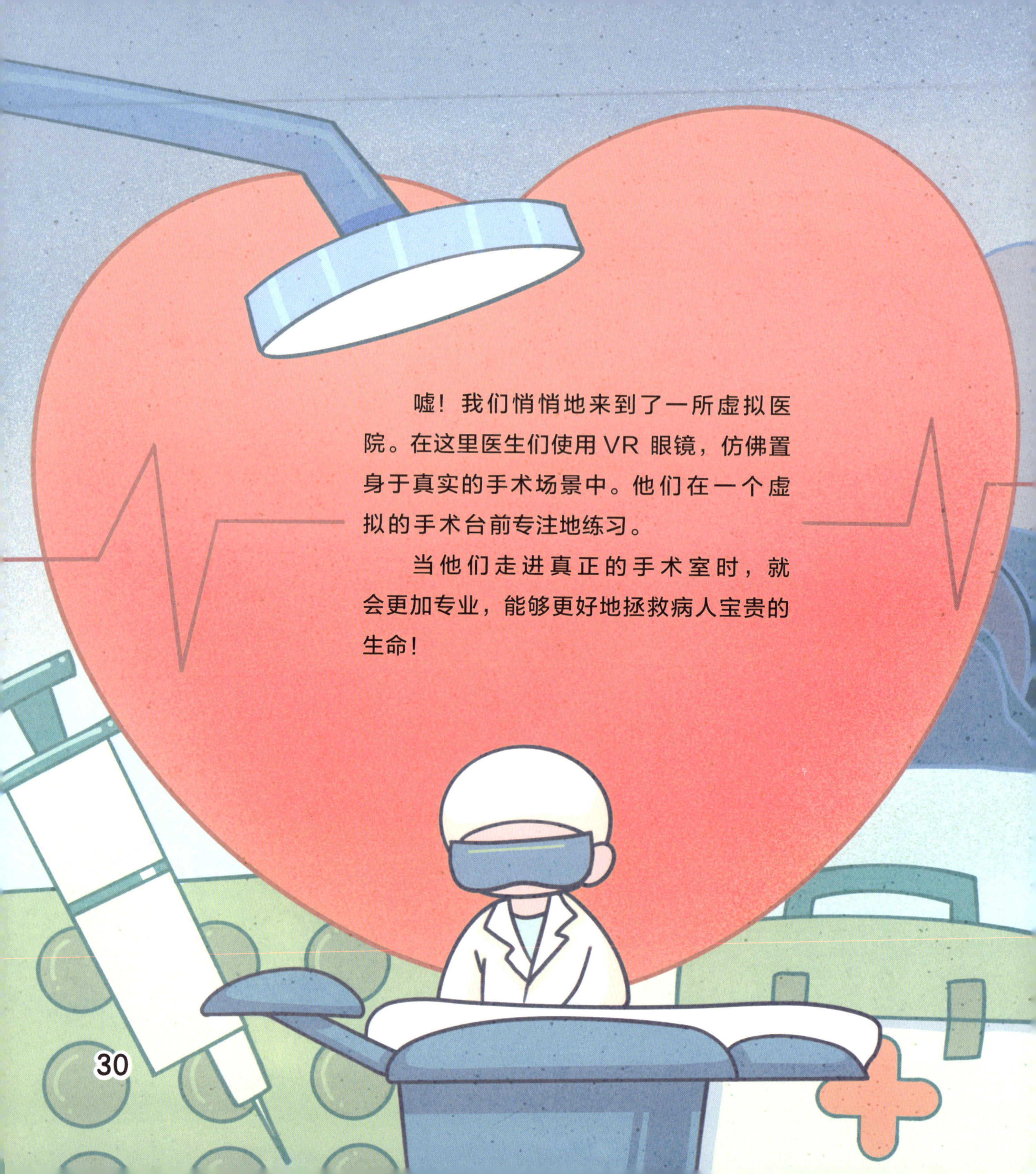

嘘！我们悄悄地来到了一所虚拟医院。在这里医生们使用 VR 眼镜，仿佛置身于真实的手术场景中。他们在一个虚拟的手术台前专注地练习。

当他们走进真正的手术室时，就会更加专业，能够更好地拯救病人宝贵的生命！

我们还可以去一座特殊的虚拟博物馆，这里的老师可以用 VR 眼镜带领学生们穿越时空，去亲历那些著名的历史事件。

学生们就像真的回到了那个时代一样，可以亲眼见证历史。通过 VR 这种边学边玩的方式，可以让历史学习变得充满乐趣。

快来，现在我们又进入了一个 VR 游戏厅。

我们可以在虚拟的游戏世界里自由地穿梭，和游戏里的角色充分互动，享受炫酷的游戏体验！

我们还可以足不出户，就能周游世界。通过 VR 眼镜，无论是神秘的埃及金字塔，还是浪漫的法国埃菲尔铁塔，只要我们想，就可以瞬间“抵达”。

我们甚至可以像小鸟一样从空中俯瞰或者像蚂蚁一样用微缩视角观察，每一个角落、每一个角度都不放过。

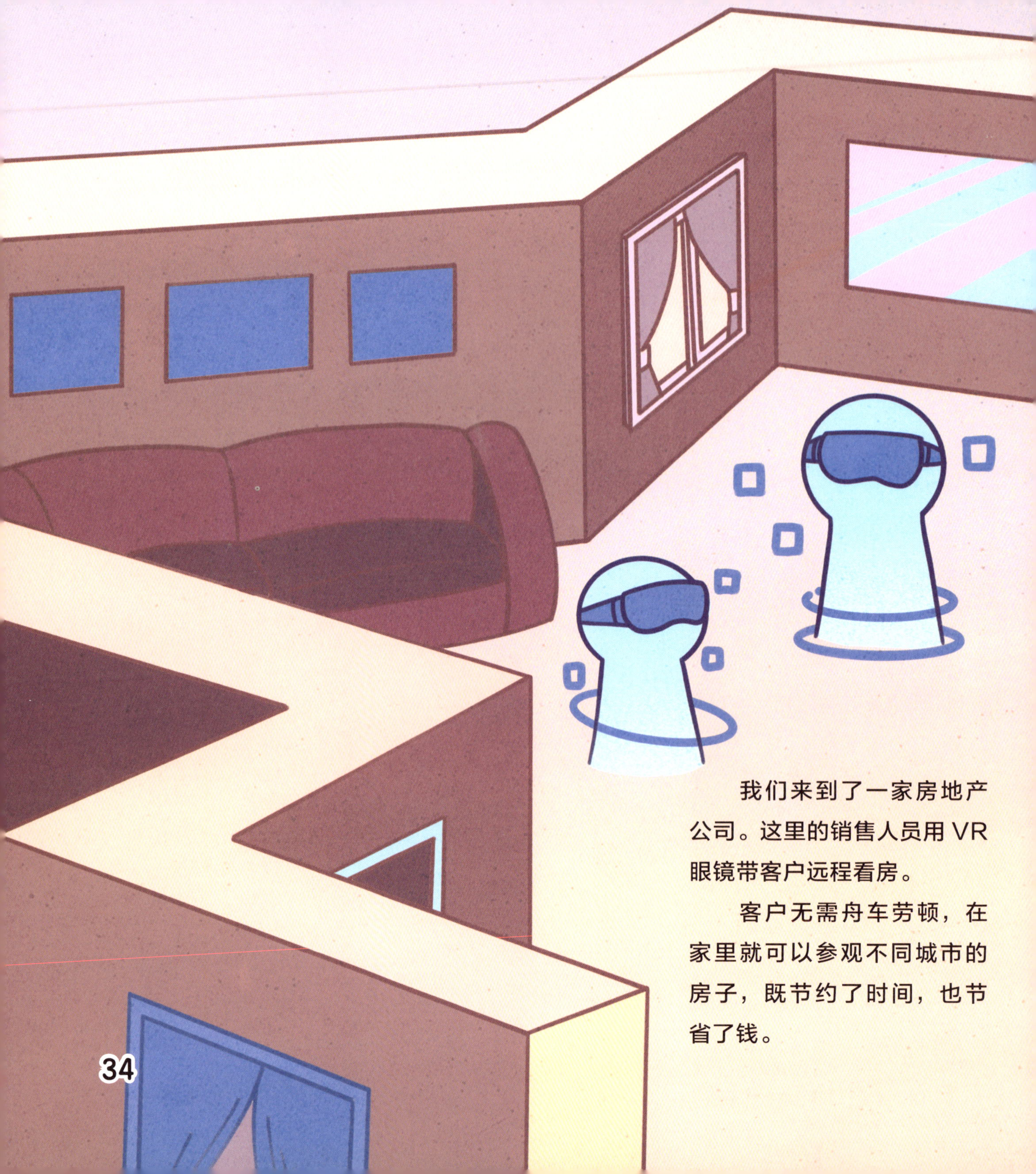

我们来到了一家房地产公司。这里的销售人员用VR眼镜带客户远程看房。

客户无需舟车劳顿，在家里就可以参观不同城市的房子，既节约了时间，也节省了钱。

这里还藏着一座 VR 艺术展览馆。艺术家们用 VR 技术创造了一系列美丽而神奇的虚拟艺术品，我们可以欣赏不同风格的作品，就好像是进入了一个梦幻的世界。

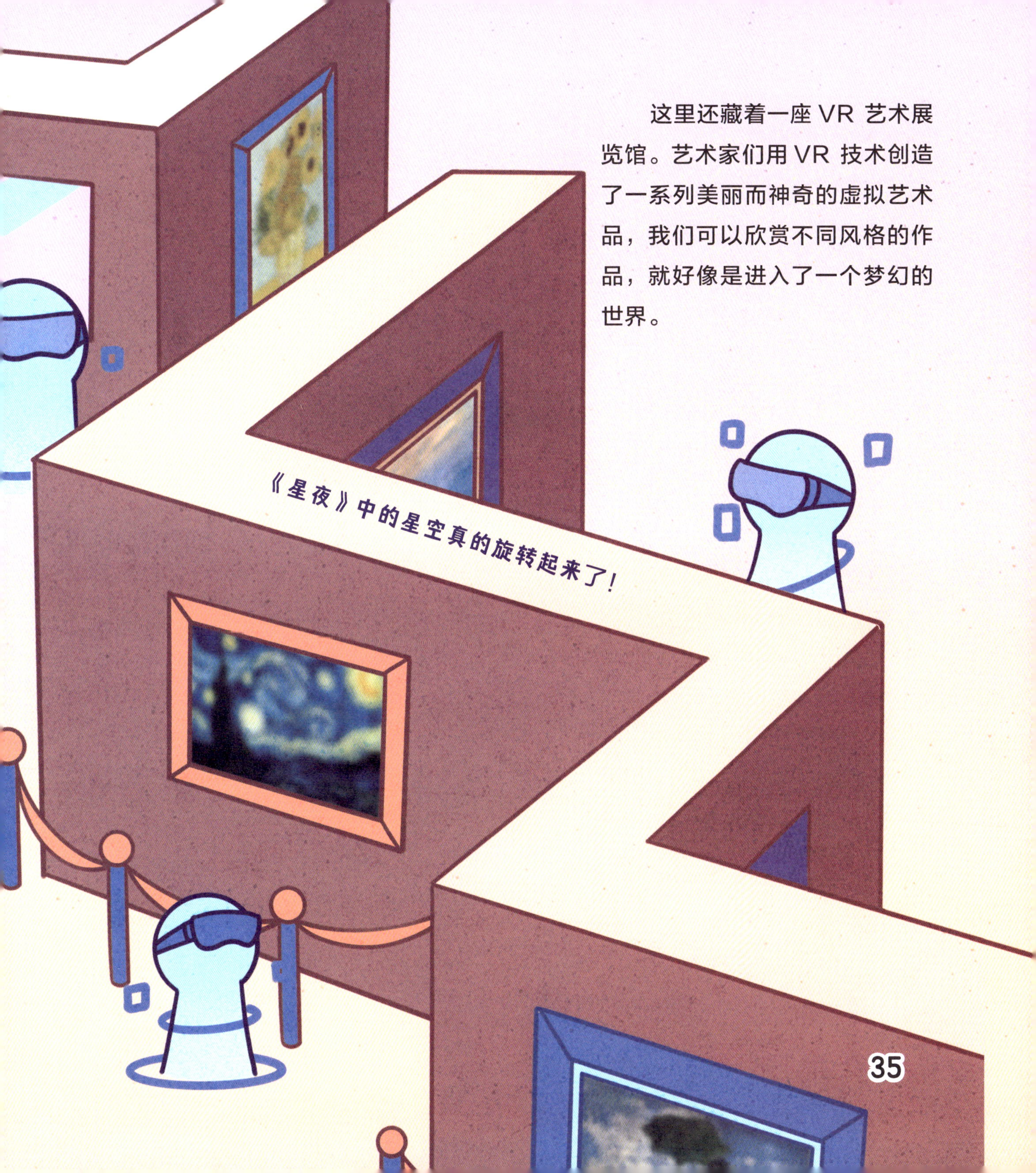

在飞机制造厂，设计师们正利用 VR 眼镜来设计飞机。与此同时，飞行员们用 VR 模拟器来训练飞行。

有了 VR 技术的帮助，设计师们可以更精确地设计出先进的飞机，飞行员们也可以更安全地掌握驾驶技能。

最后，我们来到了法庭。法律专家用 VR 技术重现犯罪现场，这样大家就可以更清楚、更全面地了解案件的真相，帮助法官做出公正的判决。

而 VR 技术的神奇故事远未结束。

也许将来你们也能成为 VR 技术专家，亲手创造出一个神奇世界呢！

未来，只需戴上 VR 眼镜我们就可以进入一个叫作“元宇宙”的虚拟世界，我们可以在奇妙的元宇宙里做很多现实中做不到的事情。而正如每次冒险都伴随着一些挑战，在元宇宙里也有我们需要解决的新问题。

伦理问题

1 保护小秘密

在元宇宙里，我们会有很多乐趣，但也会留下很多秘密，比如我们喜欢的游戏和我们结交的朋友。我们需要保护这些秘密，不让坏人偷窥和利用。

2 真实与虚拟的朋友

在元宇宙里，我们可以变身成为任何人，甚至是一只会飞的猫、一只会说话的狗。但是，如果我们在虚拟世界里做了坏事，会不会让别人觉得现实中的我们也坏坏的呢？

3 虚拟世界的平衡

元宇宙里有很多好玩的游戏和有趣的活动，我们可能会想一直待在那里。但是我们也要记得：现实世界里有更多美好的事情等着我们去探索。我们要学习如何平衡虚拟世界和现实世界的生活，这样我们才能健康、快乐地成长。

法律问题

1 创意的保护

在元宇宙里，我们可以创造很多新奇酷炫的东西，比如独一无二的游戏或者故事，所以我们也要确保这些创意不被其他人随意拿走，给我们的创意穿上“保护衣”。

2 虚拟的约定

在元宇宙里，我们可能会和其他人共建一个城堡或者交易一些虚拟物品。我们需要一些规则来保护这些约定或者协议，确保每个人都能公平地交流和玩耍。这就是我们要学习的关于虚拟契约的问题。

3 虚拟世界里的规则

即使是在虚拟的元宇宙里，我们也需要遵守一些最基本的规则，比如礼貌待人等。当有人在元宇宙里做了不好的事情时，我们需要有办法找出是谁，并让他们知道这样做是不对的。就像是在现实生活中，我们也要为自己的言行负责。

总之，当我们和其他小朋友一起在元宇宙里开心玩耍的时候，也要时刻记得这些重要的问题，让元宇宙成为一个充满欢笑的友好之地。

VR 技术发展史上的 9 位标志性人物

伊万·苏泽兰

被誉为“计算机图形学之父”，1968 年他开发了第一个头戴式显示器——“达摩克利斯之剑”，奠定了现代 VR 技术的基础。

杰伦·拉尼尔

被称为“VR 之父”，他在 20 世纪 80 年代创立了 VPL Research 公司，并开发了能够追踪手部动作的数字手套。

马克·博林

混合现实和 VR 领域的先驱，对 VR 头戴显示器的发展做出了重要贡献，特别是在视觉显示和用户体验方面。

迈克尔·亚伯拉什

他在 20 世纪 90 年代为 id Software 工作时，对 VR 技术的发展做出了重要预测，后来在 Valve、Meta 等互联网科技公司工作，推动了 VR 技术的进步。

加布·纽厄尔

Valve 公司的联合创始人，他领导了公司在 VR 领域的投资，特别注重对 Steam VR 的开发。

帕尔默·拉奇

Oculus VR 的创始人，该公司后来被 Facebook 以 20 亿美元的价格收购。他发明了 Oculus Rift，这是第一款成功的商业 VR 头戴显示器。

布伦丹·艾瑞哈特

与帕尔默·拉奇共同创立了 Oculus VR，他在公司的早期发展和 VR 技术的推广中发挥了关键作用。

约翰·卡马克

著名的电子游戏开发者，他在 id Software 的工作为 VR 技术的发展奠定了基础，后来加入了 Oculus VR，进一步推动了 VR 技术的进步，特别是在游戏领域的应用。

马克·扎克伯格

杰出的互联网企业家，Facebook 的创立者和领导者，不仅革新了全球社交网络的格局，还推动了虚拟现实和增强现实技术的发展。扎克伯格的远见卓识使得 Facebook 成为连接数十亿人的平台，后来他通过收购 Oculus VR，为 VR 技术的普及和应用开辟了新的道路。

这些人物的工作和成就不仅推动了 VR 技术的发展，也为 VR 在教育、娱乐、医疗和其他领域的应用奠定了坚实的基础。

如何成为 VR 和元宇宙领域的专家？

踏上成为 VR 和元宇宙领域专家的征途，仿若开启了一场探寻魔法奥秘的梦幻之旅！

1

首先，你需要一颗充满好奇和勇气的心。在这段旅程中，你会遇到许多挑战和未知的事物，需要你去勇敢地面对和积极探索。

2

其次，创新思维是不可或缺的明灯，照亮了我们前进的道路。当我们拥有创新思维时，会变得更加勇敢、更有想法，可以想出新奇的点子和解决问题的方法。比如，当我们面对一个难题时，创新思维会让我们跳出传统的思维框架，找出解决问题的全新办法，最终推动 VR 和元宇宙技术不断发展！

3

此外，你需要学习不同的技能。比如，学习编程，学会编程就像是掌握了一种魔法，可以理解虚拟世界的运行规则；学习设计，尤其是美术设计能让你塑造出既漂亮又有趣的虚拟角色和场景。

4

最后，切记永远不要停止探索和学习。在无限广阔的 VR 和元宇宙的世界里，只有不断学习和探索，你才能成为真正的专家！持续学习就像是不停探索一座拥有无尽宝藏的海岛。在这个世界上，知识是无穷无尽的。当我们持续学习时，就意味着我们不断地积累全新的知识和技能，会变得越来越聪明、越来越强大！这样才能不断突破限制，无限拓展元宇宙的边界！

小朋友们，准备好你们的 VR 眼镜和触感手套了吗？和我们一起踏上这段神奇的冒险旅程吧！

后记

在这个日新月异的科技时代，每一刻都充满了惊喜与挑战。小朋友们是未来的主人翁，他们充满了对这个世界的好奇心与探索欲。引导小朋友们正确认识科技、理解科技，激发他们对科学的热爱与追求，我们责无旁贷。

正是基于这样的考虑，我欣然接受了湖南科学技术出版社与我的老朋友——《中国日报》张周项记者的邀请，为《我是未来科学家》系列绘本担任主编。作为《第一推动丛书》的出版者，湖南科学技术出版社在我国科普界具有崇高的声誉。希望我们这套绘本，也能配得上这份历史性的声誉，甚至对它有所增益。

我为这套绘本做的第一件事，是跟邹莉编辑与张周项记者等人商定 10 个前沿领域主题。太空探索、人工智能、基因编辑、新能源、脑科学、芯片、种子……都是引人入胜而且对现实十分重要的新兴科技。当然，还有我最熟悉的量子信息。

我为这套绘本做的第二件事，是努力为本系列的各个主题邀请到相应领域的资深专家执笔。

例如复旦大学生命科学学院退休教授顾凡及先生，是我十分尊敬的科研界与科普界老前辈。他在退休后做了大量的脑科学科普，而且从不人云亦云，对许多热门消息发表过冷思考，如欧盟的人脑计划与马斯克的神经联结公司。最有趣的是，他的这些冷思考多次得到事实的验证。因此由他来担纲解读脑机接口，在质量上就有天然的保证。

又如我的中国科学技术大学师弟——中国科学院国家空间科学中心研究员周炳红博士，他是真正的航天专家，尤其是在火箭推进剂方面。他关于推进剂在失重条件下流动性的研究，对“长征五号”复飞有重要贡献。他和李明涛等同事还研究小行星防御，提出了“以石击石”的新型战略，引起国内外很多媒体的轰动。与此同时，周炳红老师也十分热爱科普，入选了“中国航天科普大使”。实际上，他的科普工作从一开始就是跟我一块做的。由他来解读太空探索，自然再合适不过。

由于篇幅关系，无法在这里对每一位作者都做详细的介绍。但我们可以确定，每一位作者在相应的领域都是响当当的专家。这是我们这套绘本最大的底气所在，是值得向所有人推荐的。

我为这套绘本做的第三件事，是自己作为作者，撰写量子科技分册。在此，我要特别感谢张周项记者，他不但自告奋勇地担任了这套绘本的执行主编，还组织了一支优秀的插画团队。书中的插图既准确又生动，表明他们确实下了很大的工夫来理解量子信息这样深奥的科技，令人十分动容！

每一个领域的专家，其实都能够下笔万言。但为了让小朋友轻松阅读、高效吸收，我们精心将每册内容凝练至适宜篇幅，并融入大量生动有趣的插图。此外，每一册最后都会列出九至十位在此领域做出重要贡献的科学家，还有一个问答：如果你想成为这个领域的科学家，你该怎么办？希望这些编排，能够激发更多小朋友对科技的热情。

《我是未来科学家》系列绘本，是我们为小朋友精心准备的一份礼物。希望通过这套绘本的陪伴与引导，小朋友们能够更加勇敢地面对未知，更加积极地探索世界，成为未来科技的引领者与创造者。让我们一起点亮未来之光，探索科技的无限可能吧！

袁岚峰

图书在版编目（CIP）数据

我是未来科学家. 虚拟世界的魔法之门 / 袁岚峰主编 ;顾凯著. -- 长沙 : 湖南科学技术出版社, 2024. 12.
ISBN 978-7-5710-3314-9

Ⅰ. Z228.1; TP391.98-49

中国国家版本馆 CIP 数据核字第 2024RD0011 号

WO SHI WEILAI KEXUEJIA XUNI SHIJIE DE MOFA ZHI MEN

我是未来科学家 虚拟世界的魔法之门

主　　编：袁岚峰
执行主编：张周项
著　　者：顾　凯
绘　　者：林小妍　吴雨桐
出 版 人：潘晓山
责任编辑：邹　莉　刘羽洁
出版发行：湖南科学技术出版社
社　　址：长沙市芙蓉中路一段 416 号泊富国际金融中心
网　　址：http://www.hnstp.com
湖南科学技术出版社天猫旗舰店网址：
http://hnkjcbs.tmall.com
邮购联系：本社直销科 0731-84375808
印　　刷：长沙市雅高彩印有限公司
（印装质量问题请直接与本厂联系）
厂　　址：长沙市开福区中青路 1225 号
邮　　编：410153
版　　次：2024 年 12 月第 1 版
印　　次：2024 年 12 月第 1 次印刷
开　　本：889 mm×1230 mm　1/16
印　　张：3.25
字　　数：23 千字
书　　号：ISBN 978-7-5710-3314-9
定　　价：35.00 元